Roteiro e Desenhos:
LAUDO FERREIRA

Cores:
OMAR VIÑOLE

DEVIR
São Paulo, Brasil
Outubro de 2016

DEVIR

EDITORIAL
Diretor Editorial: Rui A. Santos
Coordenador Editorial Brasil: Paulo Roberto da Silva Jr.
Editor: Leandro Luigi Del Manto
Revisor: Marquito Maia
Assistente de Arte: Marcelo Salomão

ATENDIMENTO
Assessora de Imprensa: Maria Luzia Kemen Candalaft
(luzia@devir.com.br)
SAC: sac@devir.com.br

BRASIL	PORTUGAL
Rua Teodureto Souto, 624 – Cambuci	Polo Industrial Brejos de Carreteiros
CEP 01539-000 – São Paulo – SP – Brasil	Armazém 4, Escritório 2 – Olhos de Água
Telefone 11 2127 8787	2950-554 – Palmela – Portugal
Site www.devir.com.br	Telefone 351 212 139 440
	Site www.devir.pt

CADERNOS DE VIAGEM: ANOTAÇÕES E EXPERIÊNCIAS DO PSICONAUTA © 2016 Laudo Ferreira. Todos os direitos reservados. É proibida a reprodução total ou parcial do conteúdo desta obra, por quaisquer meios existentes ou que venham a ser criados no futuro, sem a autorização prévia por escrito dos editores, exceto para fins de divulgação. Os nomes, personagens, lugares e incidentes apresentados nesta publicação são inteiramente fictícios. Qualquer semelhança com pessoas reais (vivas ou mortas), eventos, instituições ou locais, exceto para fins satíricos, é coincidência. Todos os direitos para a língua portuguesa reservados DEVIR Livraria Ltda.

1ª edição: Outubro de 2016 / ISBN: 978-85-7532-643-5

Realização

Dados Internacionais de Catalogação na Publicação (CIP)
(Câmara Brasileira do Livro, SP, Brasil)

> Ferreira, Laudo
>   CADERNOS DE VIAGEM : anotações e experiências dp psiconauta / roteiro e desenho Laudo Ferreira ; cores Omar Viñole .
> -- São Paulo : Devir, 2016.
>
>   1. Histórias em quadrinhos I. Viñole, Omar. II. Título.
>
> 16-05999   CDD-741.5

Índices para catálogo sistemático:
1. Histórias em quadrinhos   741.5

Prefácio

Talvez a coragem de um personagem seja um dos atributos menos relevantes a serem destacados. Pois, de uma forma geral, uma história narra a transformação que um personagem vive na jornada que ele enfrenta, mesmo que não seja voluntária. Essa jornada pode ser épica, como a de um herói que dá a sua vida para salvar a humanidade, ou uma jornada mais modesta, como seria a de um jovem que faz de tudo para conquistar a sua amada. Sem um pouco de coragem, não se faz nem jornada épica, nem jornada modesta, nem jornada nenhuma. Daí, a grosso modo, de uma forma generalista, bato o martelo: todo protagonista de uma história é, antes de tudo, em maior ou menor grau, um corajoso.

Mas (e é claro que teríamos aqui um "mas"): não existe somente um tipo de coragem. Pois é seguindo esta pista que vamos chegar no brilho do Miguel, de *Cadernos de Viagem*.

Quando um artista fala de si mesmo, vaidade é veneno mortal. A obra não é arte, é autopromoção, é a ação de um covarde escondendo-se por trás de uma máscara, fingindo que mostra a sua verdadeira face, quando nem mesmo ele a conhece. Já o artista munido de humildade, aquele que se desnuda e tem a coragem de se desconstruir por completo, diante do leitor e diante do espelho, corre um risco maior: o risco de se conhecer por completo, o de conhecer a si mesmo pra valer, conhecer-se de verdade. Artista que se conhece e se entende é um artista morto, pois não tem mais as angústias que o prendem, como uma maldição Divina, à sua arte. Para dar um passo desses e enfrentar tamanho risco, tem que ter (adivinha?) coragem. Muita, muita coragem. Aquela que beira a loucura.

Miguel não é Laudo. E é. Eu denuncio: conheço esse cara há mais de 20 anos, e há uns 19 anos e meio, já o tenho como um irmão. Miguel tem coragem, Laudo mais ainda. Coragem de serem quem são, de se descobrirem diante do leitor: os dois são pequenos, inseguros, infantis. São mesmo ridículos, e como são. Bom, falando aqui muito em particular (fica entre nós), eu também sou assim. Não fica bravo comigo, mas, lá no fundo, você também é. Sim, é difícil assumir isso. Não assumimos nem para nós mesmos. Senão, nos assumimos humanos, humanos demais. *Cadernos de Viagem* nos convida a esta descoberta: ei, olha como todos nós somos pequenos. Mas, veja só: olha como nos tornamos grandes assumindo isso.

Traço maduro, cheio de vida. História honesta, que não se esconde por trás de rodeios. *Cadernos de Viagem* é uma HQ tão sincera e direta que nos envolve antes que possamos ter qualquer impressão inicial. Não é história para se ler, é história que acontece na nossa frente. É história que acontece com a gente. Com todos nós, de uma forma ou de outra.

Tive que me encher de coragem para escrever este prefácio. O Laudo me convidou, me pressionou, e eu entrego o texto no limite do prazo combinado. Tenho medo de falar demais, medo de falar de menos. Pois *Cadernos de Viagem* é uma obra que não fala nada. Absolutamente nada. Eu já disse: ela acontece. Não fala, acontece: e como diz!

Miguel não é Laudo. E é. Não é só Laudo. Sou eu também. É você também. Sinto informar, mas somos nós, expostos nesta HQ. Você pode até ler e discordar. Pode continuar discordando daqui a um ano, dois, dez. Mas, um dia, você vai me dar razão. Vai dar razão ao Laudo, vai dar razão ao Miguel. E vai ver como somos todos deliciosamente ridículos.

– André Diniz
Roteirista e desenhista, autor de obras como "Morro da Favela",
"Duas Luas", "Quilombo Orum Ayê" e "Que Deus te abandone",
entre outras, e vencedor de diversos prêmios HQ Mix.

"Vivemos juntos, atuamos uns sobre os outros
e reagimos uns aos outros; mas sempre, em todas
as circunstâncias, estamos sós."

– Aldous Huxley
As portas da percepção

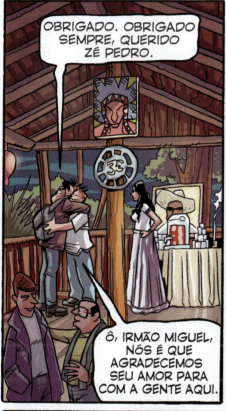

— OBRIGADO. OBRIGADO SEMPRE, QUERIDO ZÉ PEDRO.

— Ô, IRMÃO MIGUEL, NÓS É QUE AGRADECEMOS SEU AMOR PARA COM A GENTE AQUI.

— MIGUEL, VAMOS INDO? ESTOU CAINDO DE SONO.

— PODE IR, BERENICE, ESTOU COM VONTADE DE CAMINHAR.

— QUÊ?! TÁ MALUCO, HOMEM? A ESSA HORA DA MADRUGADA, SAIR SOZINHO NO MEIO DESSA MATA?!

— A BERENICE TÁ CERTA. ALÉM DO MAIS, É CAPAZ DE VOCÊ SE PERDER.

— SEM FALAR QUE VOCÊ ESTÁ NUMA FORÇA DANADA.

— GRATO PELA PREOCUPAÇÃO, MENINAS.

— MAS JÁ DECIDI: VOU CAMINHANDO, SEM PROBLEMA ALGUM.

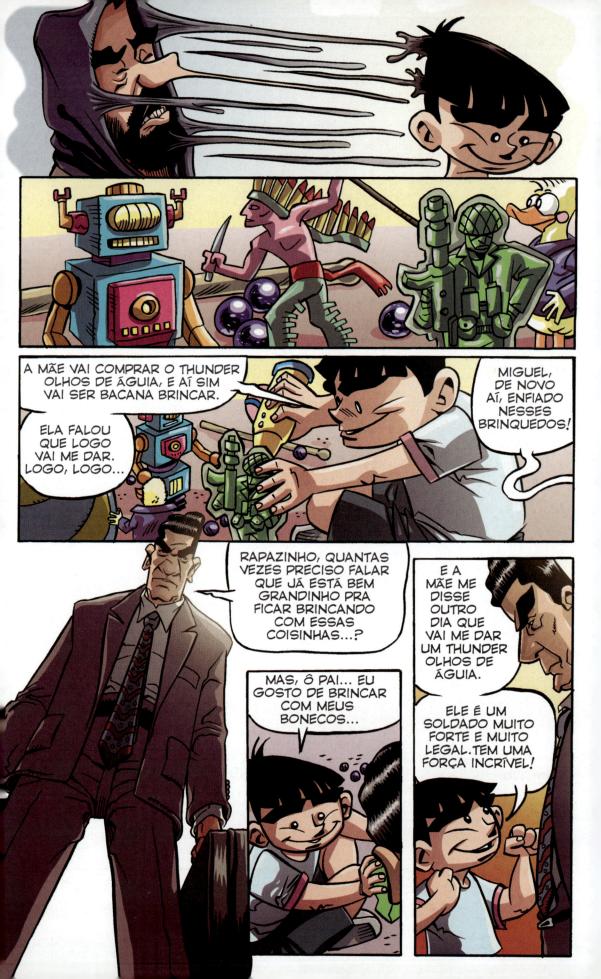

(*) AQUARELA DO BRASIL - Ary Barroso

NÃO SE ASSUSTE COM TODA ESSA *MISE-EN-SCÈNE*. FAZ PARTE DA APRESENTAÇÃO.

ESSES LIVROS SÃO TEUS... NÃO MEUS MAIS. TEM UM MONTE DE COISAS NELES.

HÁ MUITA INOCÊNCIA AÍ... MUITO SONHO... MUITA ESPERANÇA... E TAMBÉM MUITO MEDO...

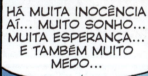

A CHAVE DE TODAS AS OUTRAS DESGRAÇAS, POSSO ASSIM DIZER.

UMA HONRA AO NÃO MERECIMENTO, UM DESCRÉDITO À VIDA, ÀS PESSOAS QUE TE AMAM, AO SEU TALENTO, ÀS VITÓRIAS OBTIDAS... MAS NÃO ENXERGADAS.

OLHA, EU DIRIA QUE VOCÊ É UM *PUTA CHATO*, MAS, COMO SOU UMA POSSIBILIDADE SUA, MELHOR NÃO COMPLICAR PRA MIM MESMO.

O SILÊNCIO SEMPRE ESTEVE PRESENTE NOS OLHOS DE MINHA MÃE, BUSCANDO ALGUMA COISA...

ESTÁVAMOS JUNTOS NA MESMA ANSIEDADE.

POR QUE NUNCA SE MANIFESTOU ALÉM DESTE SEU SILÊNCIO? TÃO ENIGMÁTICO E TÃO INCÔMODO...

POR QUE FOI ASSIM?

PRA MIM, CHEGA! CHEGA!!

A SENSAÇÃO DE ETERNA DERROTA... DO NÃO MERECIMENTO... HAVIA ENCONTRADO UM CAMPO SAGRADO... QUE ATÉ GEROU UM CERTO COMODISMO...

NADA PODE SER MAIS FORTE DO QUE VOCÊ.

NÃO HOUVE TANTA DIFICULDADE PARA ABANDONAR O VÍCIO. PORÉM, O VÍCIO DA PERDA, DA DESESPERANÇA, É ALGO MAIOR A SER VENCIDO E SUPERADO. LEVA TEMPO.

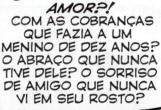

ELE FICOU UM MÊS EM COMA ANTES DE MORRER. NO SEU ÚLTIMO DIA DE VIDA, CURIOSAMENTE, FUI EU A ÚLTIMA PESSOA A VÊ-LO.

TIVE VONTADE DE TOCAR SEU ROSTO... SUAS MÃOS... FAZER UM CARINHO...

NÃO CONSEGUI.

MAS VOCÊ FALOU COM ELE.

ESTÁ TUDO CERTO, PAI. ESTÁ TUDO PERDOADO... EU ESTOU BEM.

APESAR DE MUITAS DIFICULDADES VIVIDAS... TUDO FOI SUPERADO. TENHO A MINHA VIDA... MEU CAMINHO... MINHA HISTÓRIA...

TENHO UMA COMPANHEIRA, QUE AMO MUITO.

FICA EM PAZ, QUE EU ESTOU EM PAZ.

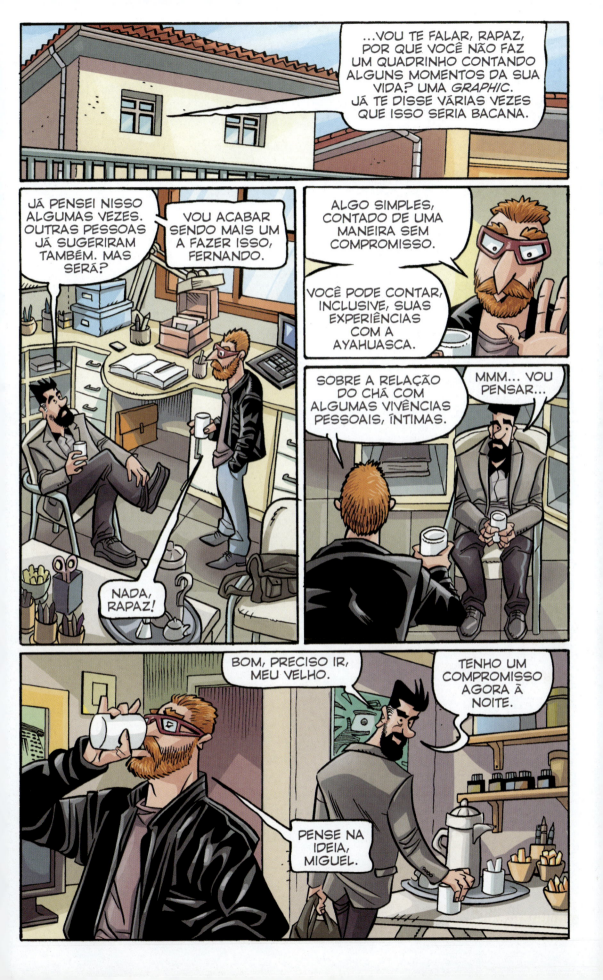

AH... OBRIGADO, FILHO...

AGORA... É PRECISO *CRESCER.*

Agradecimentos especiais para:

André Diniz, Paulo Ramos,
José Maria, Glaucy,
amigos do "Flor do Japi",
sempre inspiradores.

Omar Viñole,
querido amigo e companheiro
de tantas viagens na arte.

Este trabalho é dedicado para:

Tereza e Laudo,
meus pais,
por tudo que significam.

Romana e Gabriel,
pelo amor.

Biografias

LAUDO FERREIRA
Desenhista autodidata, começou a publicar seus primeiros trabalhos em quadrinhos no início dos anos 1980, através da editora Press, em São Paulo, passando a atuar ativamente no meio independente, principalmente até meados dos anos 1990. Ganhou alguns prêmios HQ Mix e Angelo Agostini, pelo seu trabalho como roteirista e desenhista e pelas publicações da minissérie *Depois da Meia-Noite* e a adaptação do filme *À Meia-Noite Levarei Sua Alma,* do cineasta José Mojica Marins.
Além da épica trilogia *YESHUAH,* seus trabalhos mais conhecidos são *Histórias do Clube da Esquina,* a adaptação de *Auto da Barca do Inferno* e a série da personagem Tianinha, que produziu durante nove anos.

OMAR VIÑOLE
Forma junto com Laudo uma parceria de quase vinte anos de atividade dentro do mercado editorial e publicitário, que originou o Estúdio Banda Desenhada. Além dos trabalhos em quadrinhos feitos nessa parceria, com sua arte-final e cores, Omar trabalhou durante um grande período na produção de ilustrações da personagem Xuxinha para licenciamento. Também trabalhou com outros parceiros, roteiristas e desenhistas em obras como *Orixás – do Orum ao Ayê, Revolta dos Malês, Iron Maiden em quadrinhos* e *Apagão,* com sua arte-final e cor. Seu personagem de tiras, Coelho Nero, alcançou grande popularidade, gerando duas coletâneas, *Coisas Que Um Coelho Pode Te Dizer* e *Simpático Só Que Não.*